NOTICE
SUR LA
FONTAINE DE SAINT-FIRMIN
OU
FONTAINE-DE-FER,

SUR LA COMPOSITION DE SES EAUX, LEUR PROPRIÉTÉ
ET LA MANIÈRE D'EN FAIRE USAGE ;

Par M. E. RIPART,

DOCTEUR EN MÉDECINE, SECRÉTAIRE DU CONSEIL D'HYGIÈNE
PUBLIQUE ET DE SALUBRITÉ.

Intérieur de la Fontaine-de-Fer.

A BOURGES,
Chez VERMEIL, Libraire, Place des Carmes,
et à la Fontaine-de-Fer.

1852.

Imp. et Lith. Jollet-Souchois, Bourges.

NOTICE

SUR LA

FONTAINE DE SAINT - FIRMIN

OU

FONTAINE-DE-FER,

SUR LA COMPOSITION DE SES EAUX,

LEURS PROPRIÉTÉS,

ET LA MANIÈRE D'EN FAIRE USAGE;

Par M. E. RIPART,

Docteur en Médecine,

SECRÉTAIRE DU CONSEIL D'HYGIÈNE PUBLIQUE ET DE SALUBRITÉ.

BOURGES,

IMPRIMERIE ET LITHOGRAPHIE DE JOLLET-SOUCHOIS,
Rue des Armuriers, n°. 2.

—

CHEZ VERMEIL, LIBRAIRE, PLACE DES CARMES,
ET A LA FONTAINE-DE-FER.

1852.

Grâce aux soins de M. Planchat, maire de la ville de Bourges, la Fontaine-de-Fer, réparée et mise dans un état assez confortable, a repris auprès du public la faveur qu'elle n'aurait jamais dû perdre: la foule s'y porte comme à ses plus beaux jours. Mais la plupart des personnes qui vont boire ses eaux ne suivent aucune règle fixe, les prennent en quelque sorte au hasard, suivant les caprices de leur goût: on comprend facilement que, prises ainsi, elles ne peuvent donner les heureux résultats qu'on va leur demander, ou les donnent incomplètement. Il fallait donc un guide pour diriger les buveurs. Personne ne s'est plus occupé que moi de la Fontaine-de-Fer ; et, par cette raison, je crois pouvoir dire, sans amour-propre, que personne ne la connaît mieux que moi. Cette considération, jointe à ma conviction profonde des services qu'elle peut rendre dans un grand nombre de maladies, m'a déterminé à publier cette Notice. Elle est extraite en partie d'un Mémoire présenté par M. Paul Soupiron, pharmacien, et moi, il y a quelques années, à l'Académie nationale de médecine, et qui a été l'objet d'un rapport favorable dans la séance du 29 septembre 1846 (1). Le rapporteur, M. Ossian Henry, a fait voir l'analogie de composition de nos eaux avec celles de Forges, qui jouissent d'une grande célébrité. Logiquement, n'est-il pas permis d'en conclure qu'elles doivent produire des effets analogues?

(1) Bulletin de l'Académie nationale de médecine, tome 12, n° 1, p. 6.

NOTICE

SUR LA

FONTAINE DE St-FIRMIN

OU

FONTAINE-DE-FER.

I.

HISTOIRE DE LA FONTAINE DE SAINT-FIRMIN.

L'origine de la Fontaine de Saint-Firmin, ou Fontaine-de-Fer, comme on l'appelle plus généralement, paraît être fort ancienne. Mais, sans m'engager dans des recherches historiques peu utiles au but que je me propose, je dirai seulement qu'elle était en grande vogue dès le seizième siècle. C'est à cette époque que remontent les premiers travaux scientifiques qui la concernent. Plusieurs auteurs étrangers à la médecine en font également mention dans leurs écrits, et s'accordent à dire qu'elle était fréquentée par un grand nombre de buveurs attirés par les cures merveilleuses qui s'y faisaient chaque année.

Au commencement du dix-septième siècle, Jodocus Sincerus dans son Itinéraire (1), ouvrage fort estimé, et qui eut un grand nombre d'éditions, en parle ainsi : « Dans le faubourg de Saint-Privé il existe une fontaine d'eaux acidules, où pendant l'été, dès le matin, vous verrez affluer un grand nombre de personnes qui viennent lui demander la santé. Ceux surtout qui sont tourmentés par la pierre en retirent, dit-on, de grands avantages. *(In suburbio Sancti Privati est fons acidularum, quò œstivo tempore matutinis horis magnum hominum numerum confluere videbis ab illo sanitatis præsidium quærentium. Calculo laborantibus in primis conducibilis fertur.*

» Je ne dois (dit Chenu dans son ouvrage sur les antiquités et privilèges de Bourges, édition

---

(1) Jodoci Sinceri itinerarium Galliæ et finitimarum regionum cum appendice de Burdegala. Lugd. 1612, in-16. Argenterati, 1617, 1649, 1656, in-24. Genevæ, 1627, in-12. Amstelodami, 1655, in-12.

de 1621), ômettre l'une des singularités de nostre ville, à sçavoir la fontaine Saint-Firmin, fontaine médicale participant de plusieurs minéraux et douée de beaucoup de vertus et facultés pour la guérison de plusieurs grandes maladies.

» Cette fontaine a esté par un long-temps inconnue à nos devanciers qui, n'ayant observé telles vertus, l'ont laissée et méprisée comme chose vulgaire et de nul prix ; mais peu à peu, par l'observation que l'on a faite d'an en an, elle est venue en tel bruit et honneur, que ceux-mesmes qui étoient nos adversaires et ennemis des fontaines de Pougues et Saint-Pardoux, vaincus par les expériences qu'ils ont reconnues en celle-cy, ont été contraints de lui déférer.

» Il y a quelques cinquante ans que l'on a commencé à en avoir la connoissance, auquel temps on en usait seulement pour les opilations de foye et ratelle. Depuis 30 ans elle a esté plus en vogue et a-t-on remarqué qu'elle estait de grande efficacité pour la pierre et néphrétique, pour la jaulnisse et autres grandes maladies, tellement qu'elle étoit lors fréquentée par grand nombre de peuple de toute la ville qui y avoit recours, et est maintenant si fréquentée que cette année 1613, par l'affluence et concours du peuple qui s'est présenté pour en boire, elle a esté presque souvent épuisée, et ont esté contraints MM. les maire et eschevins de cette ville, d'établir un ou deux hommes destinés pour puiser l'eau d'icelle et en distribuer à qui voudrait en avoir, pour empescher le désordre qui s'y faisoit par ceux qui la vouloient puiser eux-mêmes de leur main et y plongeoient souvent toute la main et le bras. »

Pendant le dix-septième siècle elle luttait avec succès, suivant le témoignage des contemporains, contre les établissements rivaux de Pougues et Saint-Pardoux (Bourbon-l'Archambault). Pour vous en donner la preuve, voici une lettre qu'un des plus grands praticiens de cette époque, Guénault (1), premier médecin de la reine, écrivait à un de ses malades, le 5 janvier 1667 : « Monsieur, etc., pour prévenir les inconvénients de la colique néphrétique et de la gravelle, dont vous avez ressenti les douleurs, je ne saurais vous suggérer *un meilleur et plus souverain remède* que l'usage de l'eau de votre fontaine de fer. Je m'étonne de ce que MM. les Mé-

---

(1) C'est le même dont parle Boileau dans sa 6e. satyre :
« Guénault sur son cheval en passant m'éclabousse. »

decins (1) vous conseillent Pougues, ayant la fontaine de fer qui a *des vertus singulières pour ce mal*, pourvu qu'on ait bien soin de l'entretenir et de la faire couler ».

Cette opinion du médecin le plus célèbre de Paris à cette époque a, selon moi, une grande valeur, parce qu'elle était fondée sur l'observation des malades qu'il envoyait aux eaux de Saint-Firmin, et non sur le désir de donner de la réputation à un établissement auquel il était complètement étranger.

Cette vogue continua pendant le dix-huitième siècle, époque où fut construite la promenade entourée de charmilles, et plantée de tilleuls qui existe encore aujourd'hui. Sa réputation s'était même accrue à ce point que le gouvernement, sous le règne de Louis XV, en 1772, demanda un rapport officiel sur l'état de cette fontaine et ses propriétés médicales. Mais bientôt l'avènement de Louis XVI au trône et le commencement de nos troubles révolutionnaires firent avorter tous ses projets : la Fontaine-de-Fer tomba dans

---

(1) Quelques médecins de Bourges méritent encore aujourd'hui le reproche que Guénault faisait à leurs confrères du 17e siècle.

l'oubli et le délaissement où elle est restée jusqu'à nos jours.

Cependant, quelques tentatives furent faites à plusieurs reprises pour la remettre en honneur. En 1816, par les soins de l'administration municipale les dégradations occasionnées par le temps et un long abandon furent réparées ; on fit construire le petit hangar situé dans la cour pour mettre les buveurs à l'abri de la pluie ; on fit également enlever une grille de fer placée au fond du bassin de la fontaine à laquelle les malveillants attribuaient toute la vertu de ses eaux. Le docteur Berthollet, que nous avons tous connu et qui a laissé dans notre pays les plus honorables souvenirs, publia, dans le *Journal du Cher*, une notice sur ses propriétés médicales. Mais ces tentatives n'eurent aucun succès ; ce qui ne doit pas nous étonner, car c'était le moment où le système de Broussais triomphait et régnait en maître absolu sur la médecine entière ; toutes nos maladies étaient des inflammations ; la saignée, les sangsues et la diète devaient les guérir toutes. Le fer ainsi que tant d'autres bons médicaments était un irritant, et comme tel, proscrit par ce système exclusif. Dieu merci, son règne est passé, et les préparations ferrugineuses ont repris dans la pratique médicale le rang qu'elles méritent d'occuper.

En 1845, un auteur anonyme inséra, dans le *Journal du Cher*, quelques articles sur la Fontaine-de-Fer et sur la composition de ses eaux. Le public se rendit à son appel, mais plutôt par curiosité que dans un but médical. D'ailleurs, la fontaine était à cette époque dans un état de dégradation et de malpropreté tel, que les buveurs, même les plus intrépides, furent bientôt dégoûtés.

M. Planchat a bien compris que dans cet état jamais la Fontaine-de-Fer ne pourrait se réhabiliter auprès du public, et c'est pourquoi il a fait construire un bassin neuf, réparer les murs, sabler la promenade, et pris des mesures sévères pour que rien ne vînt altérer la pureté des eaux. Ses efforts ont été couronnés de succès : depuis que ces réparations ont été faites, beaucoup de personnes se rendent chaque jour à la Fontaine-de-Fer, et je pourrais citer un assez grand nombre de malades qui en ont obtenu les plus heureux résultats.

II.

BIBLIOGRAPHIE.

Je passe maintenant à l'examen des ouvrages spéciaux qui ont été publiés sur la fontaine de Saint-Firmin. J'en connais six qui sont, d'après leur ordre chronologique :

1° *Traité des eaux minérales de Bourges, par Jean Bernard, docteur-médecin. 1458.* — Cet ouvrage est devenu fort rare. Voici ce qu'en dit Dupérin : « M'étant procuré, non sans peine, ce petit ouvrage entier, je l'ai trouvé bien fait, eu égard surtout au temps où il fut composé, et je l'estime honorable à l'auteur et à la faculté dont il était membre. »

2° *Discours sur les vertus et facultés des eaux médicales et minérales en général et en particulier de la fontaine de Saint-Firmin, située au bourg de Saint-Privé-lez-Bourges, par Etienne Mercier, docteur-médecin. 1612, in-8°.* — En parlant de cet auteur et du précédent, Couturier ajoute : M. Bernard et M. Mercier, qui ont fait dans leur temps l'honneur de notre faculté, en ont écrit aussi savamment que les lumières de leur siècle le leur ont pu permettre.

3° *Fontaines minérales de la ville de Bourges, par Maurice de Montreuil. 1638.*

4° *Traité des eaux minérales de Bourges, par Etienne Cousturier. 1683, in-12. Toubeau. Il a été publié une 2ᵉ édition en 1685.*

Ces différents travaux, surtout le quatrième, qui a reçu l'approbation du doyen de la faculté de médecine de Paris, et de celui de la faculté de Bourges (1), sont précieux à consulter pour connaître les propriétés médicales des eaux, leurs effets sur l'économie et la manière de les administrer. Mais sous le rapport de l'analyse chimique, ils sont à peu près nuls. Je me bornerai à citer le passage suivant de l'ouvrage d'Etienne Couturier, qui nous fera connaître l'origine de cette opinion répétée par tous les auteurs, même les plus modernes, que le fer était à l'état de vitriol (sulfate de fer) dans les eaux de Saint-

(1) Le doyen de la faculté, Jacques Lebloy, adressa à l'auteur les vers latins suivants, placés en tête de l'ouvrage:

Biturigum latices acidos, mirâ arte recludis,
    Alkali et impletos, mens peracuta fodit
Utque salis varii discors concordia lymphas
    Temperat et cogit plura metalla simul.
Sic veterum libros et commentaria sæcli
    Præsentis, parvo codice solus habes.
At quod ab ingenio naturæ Fons capit, idem
Natura ut valeat, debet et illa tuo,

Firmin, tandis que ce sel n'y existe réellement pas. Elle est fondée uniquement sur une théorie chimique de l'époque, d'ailleurs intéressante à connaître, et non sur une démonstration directe. Ainsi, après avoir prouvé par l'examen des propriétés naturelles, par la décoction de noix de galle, par l'évaporation, que l'eau contenait du fer, il ajoute : « Puisque, du consentement de tous les naturalistes, le soufre en petite quantité, le vitriol dans une plus grande, avec une terre mal liée, font le fer, on peut conclure sans difficulté que nos eaux sont remplies de soufre, de vitriol et d'ocre ferrugineuse. »

5° En 1762, M. Vannier, conseiller du roi, docteur-régent de la faculté de médecine de Bourges, conjointement avec M. Moyreau, apothicaire de la même ville, publia une *analyse des eaux minérales de Bourges*.

C'est le meilleur écrit que nous ayons sur la Fontaine-de-Fer, et leur analyse, quoiqu'incomplète, se rapproche beaucoup plus de la vérité que toutes celles qui ont été publiées depuis. Voici quelles étaient, suivant eux, les substances qui entraient dans la composition de l'eau de Saint-Firmin : 1° Un fer très divisé ; 2° une terre absorbante, faisant effervescence avec l'huile de vitriol ; 5° un sel neutre dont il n'ont pu constater la nature.

6°. Sur la demande du ministère, un médecin de Bourges, Dupérin, vice-doyen et syndic de la Faculté, publia en 1772 un écrit intitulé : *Eclaircissements sur les usages et propriétés des eaux minérales de Bourges.*

Ce n'est qu'un résumé et une critique souvent peu judicieuse des travaux précédemment cités. Ainsi, par exemple, il blâme Vannier de n'avoir pas découvert dans l'eau de Saint-Firmin le vitriol que Couturier y avait démontré, nous savons comment.

III.

DESCRIPTION DE LA FONTAINE.

Après avoir ainsi jeté un coup d'œil sur le passé et rendu compte des travaux relatifs à la fontaine de Saint-Firmin, voyons quel est son état actuel.

L'eau de la source est reçue dans un bassin carré en pierres de taille, situé au centre d'une cour dallée ayant la forme d'un carré long. De ce premier bassin l'eau coule dans un second dont le niveau est plus bas. On remarque que l'eau du premier bassin est toujours claire et transparente, tandis que dans le deuxième elle est fréquemment recouverte par de légères pellicules irisées : cela tient à ce que l'eau de la partie supérieure du premier bassin est continuellement renouvelée par le mode d'écoulement adopté, tandis que dans le deuxième, elle subit déjà un commencement de décomposition. La cour est entourée de murs dans l'épaisseur desquels on a pratiqué un grand nombre de petites niches destinées à recevoir les verres des buveurs. A la suite de cette enceinte, existe une longue promenade entourée de charmilles, ombragée par une plantation de tilleuls et garnie de bancs de pierre. A peu de distance et parallèlement à la promenade coule la rivière d'Yèvre.

Le fossé dans lequel l'excédant des eaux va se perdre, les conduits et les bassins eux-mêmes sont tapissés par une couche épaisse de boue couleur de rouille.

Les terrains environnants sont marécageux et cultivés en jardins : on n'y a point trouvé de minerai de fer ; mais on sait qu'aux environs de Bourges il existe une grande quantité de mines de fer terreuses ou en roche, composées principalement d'oxide et de carbonate. C'est probablement dans un lieu éloigné de l'endroit où elle jaillit, que l'eau se charge des principes minéralisateurs. Mais on n'a que des conjectures à ce sujet.

IV.

PROPRIÉTÉS PHYSIQUES DE L'EAU MINÉRALE.

Température. — Un thermomètre centigrade a été plongé au fond du bassin, à plusieurs reprises, dans le mois de juillet et à différentes heures de la journée. Constamment il a marqué 12°, la température de l'atmosphère étant à 20°. Cette expérience a été répétée dans le mois de décembre et a donné le même résultat.

Couleur. — Nulle quand l'eau est courante : dans le cas contraire elle ne tarde pas à se troubler, même quand on la conserve dans des vases exactement remplis et bouchés à l'émeri. Sa surface est souvent recouverte de pellicules excessivement minces, présentant les couleurs variées de l'arc-en-ciel. Ces pellicules sont composées de carbonate de fer et de carbonate de chaux déposés par le dégagement du gaz acide carbonique, et leurs teintes variées sont dues à la réfraction qu'elles font subir à la lumière.

Odeur. — Nulle : cependant, quand on aspire l'air avec force au-dessus du bassin, on ne tarde pas à éprouver des vertiges. Ce phénomène, que les anciens avaient bien observé, tient sans doute à la présence du gaz acide carbonique.

Saveur. — Franchement ferrugineuse, mais nullement styptique. Aussi ne laisse-t-elle pas d'impression désagréable, et il est peu de personnes qui répugnent à la boire.

Pesanteur spécifique. — Elle diffère peu de l'eau distilée : nous l'avons trouvée égale à 1000,54.

V.

PROPRIÉTÉS CHIMIQUES. — ESSAI PAR LES RÉACTIFS.

Il serait inutile et fastidieux pour la plupart des lecteurs d'exposer ici les détails d'une analyse chimique quantitative, opération difficile et compliquée ; mais tout le monde peut répéter les expériences suivantes qui font connaître très approximativement la composition de l'eau.

Un papier rouge et un papier bleu de tournesol ont été plongés à différentes reprises dans le bassin de la fontaine. Constamment au bout de quelques minutes, le papier rouge est devenu bleu.

Elle verdit aussi le *sirop de violettes*.

Ces deux expériences prouvent que l'eau est alcaline.

Un papier imprégné d'acétate de plomb a été laissé pendant plusieurs jours en contact avec l'eau du bassin, sans éprouver aucune modification.

Elle ne contient donc ni sulfures solubles ni hydrogène sulfuré.

Une dissolution de potasse à l'alcohol versée dans l'eau minérale y occasionne un précipité jaunâtre assez abondant d'oxide de fer et de chaux.

Les *acides minéraux* au contraire la rendent parfaitement claire et limpide, et j'ai conservé pendant longtemps de l'eau acidulée sans qu'il se manifestât aucun trouble.

Le *ferrocyanure jaune de potassium* la colore en bleu, et au bout de quelques instants, il se forme au fond du vase un léger dépôt de bleu de prusse.

Le *sulfhydrate d'ammoniaque* y occasionne un précipité noir.

La *teinture de noix de galle* lui communique une teinte d'un violet noirâtre, et précipite en

2*

même temps des flocons abondants de matière organique.

Ces trois dernières expériences ne laissent aucun doute sur la présence du fer dans l'eau de Saint-Firmin.

Le chlorure de Baryum ammoniacal y détermine un précipité blanc très abondant qui se dissout presqu'en totalité dans l'acide nitrique.

Les sels solubles de Baryte, mêlés à un excès d'acide, ne la troublent que d'une manière peu appréciable.

Ces deux expériences prouvent qu'elle contient beaucoup de carbonates, de l'acide carbonique, et au contraire une petite quantité de sulfate.

L'oxalate d'ammoniaque la précipite très abondamment, ce qui indique la présence d'une assez forte proportion de sels calcaires.

Si, après avoir ajouté à l'eau quelques gouttes *d'acide nitrique*, on y verse du *nitrate d'argent*, elle se trouble très légèrement, blanchit, et au bout de quelque temps, le précipité devient violet: il est soluble dans l'ammoniaque.

Cette expérience accuse la présence de chorures, mais en très petite quantité.

L'eau bouillie, évaporée à la moitié de son volume et filtrée, ne présente plus les mêmes réactions. Le sulfhydrate d'ammoniaque, le ferrocyanure de potassium, la teinture de noix de galle n'y occasionnent plus aucun changement. Tout le fer dissous s'est donc déposé. Le chlorure ammoniacal de Baryum la blanchit à peine, ainsi que l'oxalate d'ammoniaque, ce qui tient à ce que le gaz acide carbonique s'étant évaporé, les carbonates dissous par son intermédiaire, se sont déposés, et qu'il ne reste qu'une faible proportion de sulfate de chaux. L'action du *nitrate d'argent* est la même. Le phosphate de soude ammoniacal ne la trouble pas, preuve qu'il n'existe aucun sel de magnésie.

Ainsi, les essais par les réactifs nous signalent la présence du fer, de la chaux, de carbonates, de sulfates et de chlorures. En outre, nous savons que l'eau est alcaline, qu'elle ne contient ni hydrogène sulfuré libre ni sulfures solubles. On peut également affirmer d'une manière presque certaine qu'il ne s'y trouve pas de sels de fer ou de magnésie autres que les carbonates.

VI.

COMPOSITION DES EAUX DE LA FONTAINE-DE-FER.

Voici d'après le mémoire envoyé à l'Académie

par M. Soupiron et moi, quelle est la composition d'un litre de cette eau :

	Grammes.	Litres à 0° et à la pression normale. 0,76.
Gaz azote.	0,0200	0,0157
Gaz oxigène.	0,0007	0,0005
Gaz acide carbonique combiné aux carbonates de fer et de chaux.	0,1680	0,0840
Carbonate d'ammoniaque.	0,0200	
Carbonate de chaux.	0,2000	
Carbonate de fer. Crénate de fer. Apocrénate de fer.	0,0400	
Sulfate de chaux.	0,0107	
Chlorure de sodium.	0,0036	
Chlorure de potassium.	0,0031	
Nitrate de potasse.	0,0022	
Acide silicique.	0,0011	
Matière organique azotée.	0,0262	
Eau.	1000	
	1000,4956	

On voit, d'après cette analyse, que l'eau de Saint-Firmin contient une aussi forte proportion de sels de fer que la plupart des eaux minérales ferrugineuses les plus renommées. Elle doit donc posséder les mêmes propriétés. Quant à son action spéciale sur les voies urinaires, à sa propriété de dissoudre la gravelle et la pierre pour laquelle elle a été si renommée aux 16e et 17e siècles, sa composition chimique ne la met pas en évidence d'une manière aussi complète; la légère alcalinité dont elle est douée ne me semble pas suffisante pour l'expliquer. Mais cela veut-il dire qu'elle n'existe pas? On aurait tort d'en tirer cette conclusion. Longtemps encore, je le crois du moins, la chimie sera impuissante à représenter telle ou telle propriété par telle ou telle substance. D'ailleurs, les matières organiques que contiennent la plupart des eaux minérales, et celle de Saint Firmin en contient une assez forte proportion, jouent probablement un grand rôle et modifient beaucoup leurs effets. J'ajouterai que tous les jours on découvre dans les sources minérales des substances nouvelles et quelquefois très actives, dont on ne soupçonnait pas la présence. Ainsi, dernièrement, on a retrouvé dans quelques eaux de l'iode, du brôme, de l'arsenic, etc. — La recherche de ces corps n'a pas été faite dans l'eau de Saint-Firmin : c'est une lacune qu'il est important de combler.

————

VII.

AVANTAGES DE CETTE COMPOSITION.

Corpora nisi soluta non agunt.
Les corps ont besoin d'être dissous pour agir.

Les principaux avantages résultant de la composition de l'eau de Saint-Firmin sont les suivants :

1° Le fer qu'elle contient, étant dans un état de dissolution parfaite, peut être absorbé immédiatement, sans aucun travail préliminaire de l'estomac, tandis que la limaille de fer, d'acier, la rouille ou carbonate de fer, le safran de mars ou oxide de fer, etc., ne peuvent être absorbés sans l'intervention des acides contenus dans l'estomac, et exigent une véritable digestion. Aussi, les effets de ces dernières préparations ne sont jamais en rapport avec la quantité prise par le malade, mais seulement avec celle que son estomac aura été capable de dissoudre, quantité ordinairement très faible; car le degré d'acidité du suc gastrique est borné et variable. Ceci est surtout vrai pour certains estomacs faibles et délicats, et nous explique pourquoi les eaux ferrugineuses naturelles réussissent dans des cas où les préparations de fer artificielles avaient échoué, quoiqu'employées à des doses beaucoup plus considérables. Qu'on ne vous répète donc plus ce reproche banal qu'elles ne contiennent que peu de fer ; car ce n'est pas la quantité administrée qu'il faut peser, mais celle qui est absorbée : celle-là seule est véritablement active.

2° Sa facile décomposition lui donne un autre avantage : c'est d'abandonner sans peine la totalité du fer qu'elle renferme aux agents de notre corps chargés de se l'approprier et de le faire servir à notre nutrition.

3° Un inconvénient des préparations de fer que l'on emploie journellement, c'est d'occasionner une constipation très rebelle et très fatigante pour les personnes qui en font usage. Cet inconvénient mérite d'autant plus d'être pris en sérieuse considération, que beaucoup de maladies pour lesquelles on administre le fer sont accompagnées elles-mêmes d'une constipation opiniâtre que le remède ne fait qu'augmenter. Loin de produire le même effet, l'eau de la fontaine de Saint-Firmin rafraîchit et purge légèrement.

4°. Des expériences toutes récentes viennent de prouver que le sang contient, outre le fer, une très petite quantité de manganèse, et que, dans certaines maladies, il faut associer ce dernier métal aux préparations ferrugineuses que l'on administre, si l'on veut en obtenir de bons résultats. Cette association existe naturellement, suivant toute probabilité, dans l'eau de Saint-Firmin ; car tous les minerais du Cher contiennent une assez forte quantité de manganèse. C'est peut-être là une des raisons qui rendent compte de leur grande efficacité dans certains cas où les préparations ferrugineuses artificielles des pharmacies sont insuffisantes.

Notre attention n'avait point encore été appelée sur ce point important lorsque nous avons fait notre analyse de l'eau de Saint-Firmin ; nous nous proposons d'y revenir et de la compléter.

VIII.

PRINCIPALES MALADIES AUXQUELLES CONVIENNENT LES EAUX DE SAINT-FIRMIN.

On peut dire d'une manière générale que ces eaux conviennent aux tempéraments lymphatiques et nerveux, aux constitutions faibles, délicates. Les convalescents de maladies aiguës qui ont nécessité de nombreuses émissions sanguines ou une diète prolongée, se trouvent bien de leur usage. Ceux dont les forces ont été épuisées par de longs travaux, par une alimentation insuffisante, par des affections morales profondes, etc., peuvent aller demander la santé à notre source : presque toujours, je ne crains pas de l'affirmer, ce ne sera pas en vain. Le fer est, en effet, un *tonique analeptique ou reconstituant.* M. Mialhe, professeur agrégé à la faculté de Paris, un des hommes de notre époque qui ont le mieux étudié l'action des médicaments sur nos organes, s'exprime ainsi dans un ouvrage récent sur les ferrugineux : « Le fer, à proprement parler, n'est point un médicament, mais bien un aliment, et même un aliment de premier ordre, puisqu'il concourt à la production de l'élément organique par excellence, *le globule sanguin* (partie rouge du sang). » *(Traité de l'art de formuler.)*

Pâles couleurs ou chlorose. — Cette maladie, si fréquente chez les femmes, est une de celles où les préparations de fer ont le plus grand succès. Aussi, c'est principalement dans ce cas que les eaux de Saint-Firmin sont le plus généralement employées. Les traités des anciens auteurs que j'ai cités au commencement de cette notice sont remplis de cures merveilleuses opérées chez de jeunes malades, dont l'étiolement et la langueur disparaissaient comme par enchantement sous leur influence. Dans cette maladie, la quantité de fer que le sang doit contenir est diminuée à un point quelquefois extraordinaire (1), et c'est là ce qui rend compte de la grande efficacité des eaux ferrugineuses, qui restituent au sang ce qui lui manque.

Les pertes blanches, qui sont souvent liées à la maladie précédente, réclament le même traitement.

Dans presque tous les cas où les *règles sont supprimées* ou *irrégulières*, l'emploi de ces eaux est avantageux.

Stérilité. — Bien des causes différentes peuvent occasionner la stérilité, et il serait absurde de croire que dans tous les cas les eaux ferrugineuses puissent guérir cette maladie : quelquefois, cependant, elles la guérissent. Je vais en citer un exemple célèbre qui a fait la fortune des eaux de Forges, dont la composition est à peu près identique avec celles de Saint-Firmin. Anne d'Autriche, femme de Louis XIII, était restée

---

(1) Un litre de sang contient en moyenne 127 grammes de globules, seule partie de ce liquide qui renferme du fer. On l'a vu descendre à 21. (Andral, essai d'hématologie.)

sans enfants pendant dix-huit ans de mariage, et l'usage des eaux de Forges, en lui rendant ce qu'elle avait perdu, mit fin à sa stérilité; peu de temps après, elle accoucha de Louis XIV. Voyez à quelles petites causes tiennent parfois les plus grands évènements de ce monde! La source, dont la reine a fait exclusivement usage, et qui, pour cette raison, a été nommée *la reinette*, est beaucoup moins riche en fer que l'eau de Saint-Firmin; cette dernière en contient à peu près le double.

Anémie (appauvrissement du sang). — Cette maladie s'observe chez les personnes qui ont eu des hémorrhagies considérables : elle est produite également par des excès vénériens, les dérangements dans les fonctions de l'estomac, et beaucoup de maladies chroniques. Dans tous ces cas, divers en apparence, mais qui tous ont cela de commun qu'il existe une diminution de la quantité du fer contenu dans le sang, les eaux de Saint-Firmin sont une ressource précieuse.

Gastralgies (douleurs d'estomac). — L'usage de ces eaux est avantageux dans un grand nombre de gastralgies. Peut-être n'est-ce pas au fer qu'il faut attribuer exclusivement leur guérison. Le carbonate de chaux qui entre pour une assez forte proportion dans leur composition, doit, sans aucun doute, augmenter leur efficacité, surtout dans les gastralgies qui sont accompagnées de rapports acides. La poudre d'yeux d'écrevisse, si employée autrefois, n'est composée en grande partie que de carbonate de chaux. M. Trousseau emploie ce sel de préférence aux carbonates de soude et de potasse dans certaines formes de gastralgies.

Dyspepsie (digestions difficiles). — Notre corps a besoin pour se maintenir en santé d'un exercice modéré, en plein air et sous l'influence de la lumière solaire : rien ne favorise autant l'accomplissement régulier de toutes ses fonctions. Or, beaucoup de gens ne peuvent, à cause de l'exigence de leur profession ou pour tout autre raison, s'y livrer d'une manière convenable. Aussi, chez la plupart d'entre eux, les digestions sont-elles lentes, pénibles, et souvent incomplètes ; à ceux-là je ne saurais trop recommander l'usage des eaux de Saint-Firmin, et je leur garantis d'avance un heureux et prompt changement dans leur état de santé. C'est encore là un des cas où elles peuvent rendre les plus grands services.

Gravelle (colique néphrétique). — Dès le commencement de la découverte de la Fontaine-de-

Fer, on avait remarqué les avantages que les malades affectés de la pierre et de la gravelle retiraient de l'emploi de ces eaux. Tous les anciens auteurs, Jodocus Sincerus, Bernard, Etienne Mercier, Chenu, de Montreuil, Guénault, Couturier, Vannier, Dupérin, sont d'accord sur ce point. Tous ont constaté leur action sur les voies urinaires. Chacun, du reste, peut s'en assurer par une expérience bien simple. Quand on en prend, en effet, une dose un peu considérable le matin à jeun, dix verres par exemple, on remarque que les urines deviennent très abondantes et très limpides; cet effet diurétique ne tient pas seulement à la quantité d'eau avalée, car il se prolonge ordinairement toute la journée. Les anciens l'avaient bien remarqué, et Couturier ajoute que les buveurs s'étaient assurés par expérience qu'ils rendaient souvent beaucoup plus d'urine qu'ils n'avaient bu d'eau (P. 70). J'ajouterai ici à ce que j'ai dit dans l'art. VI en parlant de sa composition, que le carbonate de chaux qu'elle contient en forte proportion fait partie de tous les remèdes qui ont joui d'une grande réputation dans le traitement des maladies des voies urinaires: tels sont les coquilles d'escargot de Pline, l'eau de chaux de Whytt, le fameux spécifique de Mlle Stevens, composé de coquilles d'œufs et de quelques diurétiques, etc.

Un grand nombre de personnes atteintes de *blennorrhagies chroniques (écoulements anciens et invétérés),* se sont bien trouvées d'en faire usage.

Hémorrhagies (pertes de sang). — Je n'ai pas besoin d'insister beaucoup pour faire comprendre l'utilité de nos eaux chez un grand nombre de malades épuisés par des pertes de sang considérables : ce que j'ai dit précédemment m'en dispense.

Scrofules (écrouelles). — C'est encore une maladie qui réclame l'usage des eaux ferrugineuses.

Fièvres intermittentes (fièvres réglées, fièvres d'accès). — C'est la maladie la plus commune dans notre pays et celle qui exerce la plus grande influence sur la constitution des habitants. Loin de moi la prétention de remplacer le sulfate de quinine par les eaux de Saint-Firmin pour couper la fièvre : ce serait une absurdité. Mais, quand il s'agit de combattre la faiblesse, l'état d'atonie qui en est la conséquence et de prévenir les récidives, elles occupent le premier rang et peuvent rendre les plus grands services si elles sont administrées à propos.

Hypertrophie (engorgement) de la rate et du

foie. — Les malades qui ont été longtemps sous l'influence d'une fièvre intermittente sont pâles, jaunes, bouffis, et la plupart du temps affectés d'un engorgement de la rate ou du foie. Dans ces circonstances, nos eaux ont une efficacité incontestable. Voici comment un des plus grands praticiens de Paris, M. Guersent, s'exprime à ce sujet dans la 2º édition du Dictionnaire de médecine : « L'hypertrophie (*engorgement*) de la rate et du foie, qui ne se complique pas du développement de quelque affection organique et qui ne dépend que de l'influence des fièvres intermittentes, cède en général promptement à l'action résolutive du ferrugineux, et particulièrement à l'emploi du fer hydraté et *des eaux ferrugineuses*; surtout quand le gonflement douloureux de ces organes a été d'abord combattu par des applications de sangsues et de cataplasmes émollients. » Ainsi, il ne peut pas y avoir de doute sur ce point: Nous ne devons donc pas être étonnés de trouver dans tous les écrits publiés sur les propriétés médicales des eaux de Saint-Firmin des observations nombreuses de guérison de ces maladies. Des fièvres quartes rebelles, accompagnées de gonflement de la rate, qui avaient résisté au quinquina et aux purgatifs les plus énergiques, guérissaient au contraire avec facilité par l'emploi de ces eaux. Tous les auteurs, que j'ai déjà plusieurs fois cités, sont d'accord sur leur efficacité dans ces circonstances. « J'en ai fait boire, dit Cousturier, à une jeune fille de huit ans, jusqu'à sept verres de huit onces pour la guérison d'une fièvre quarte invétérée, accompagnée d'une tumeur schirreuse de rate et d'un saignement de nez fort fréquent, qui me faisaient craindre l'hydropisie : la chose se termina heureusement, puisqu'elle guérit parfaitement. » (P. 85.)

Hydropisie. — Lorsque cette maladie se developpe à la suite des fièvres intermittentes, ce qui arrive assez souvent, elle sera avantageusement combattue par l'usage de ces eaux. Tout ce que j'ai dit dans l'article précédent est applicable au cas qui nous occupe, je n'y reviendrai pas.

Les eaux de Saint-Firmin ont encore été vantées pour la guérison *des dartres, des ulcères invétérés, des affections organiques, cancers, phthisies, etc.* Leur efficacité dans ces cas divers ne me semble pas clairement démontrée et réclame de nouvelles expériences. Mais, si elles ne peuvent être d'aucun secours pour guérir radicalement la maladie elle-même, elles peuvent être utilement employées comme remède auxiliaire.

IX.

MANIÈRE D'EN FAIRE USAGE. — DOSES QUE L'ON DOIT PRENDRE.

—

C'est le matin, à jeun, que l'on doit aller à la fontaine puiser directement l'eau que l'on veut boire. A cet instant de la journée, l'esprit est libre, le corps reposé, l'estomac vide et l'absorption d'une grande quantité d'eau se fait plus facilement; les convalescents et les personnes trop faibles pour pouvoir s'y transporter, peuvent en faire apporter chez eux en ayant le soin de la faire puiser dans des vases de verre ou de terre, et jamais dans des vases métalliques qui pourraient la décomposer. Il ne faut pas boire de l'eau qui est puisée depuis plus de 6 heures. Du reste, aussitôt qu'on s'aperçoit qu'elle est troublée et qu'il s'y forme un dépôt, on doit la rejeter. Les personnes affectées de maladies qui exigent l'usage de l'eau à fortes doses, doivent en prendre à leurs repas, coupée avec un peu de vin vieux. Le seul inconvénient qu'elle a dans ce cas, c'est de noircir un peu le vin; elle lui communique une saveur à peine appréciable et qui n'a rien de désagréable.

On ne doit point avaler dès les premiers jours une trop grande quantité d'eau : cette pratique aurait infailliblement pour résultat de fatiguer l'estomac et bientôt de dégoûter le malade. Il faut au contraire commencer par une faible dose, deux ou trois verres par exemple, et augmenter chaque jour d'un ou deux verres jusqu'à ce qu'on soit arrivé à en prendre douze, quinze et même vingt, suivant la capacité de son estomac, et surtout suivant la maladie pour laquelle on en fait usage. Il est évident que l'âge, le sexe, le tempérament doivent être pris en considération pour fixer les doses qui conviennent à chacun : celles que j'indique sont applicables à un adulte.

On peut diviser en deux la quantité que l'on doit boire chaque jour, surtout quand on éprouve de la difficulté à en prendre beaucoup à la fois ; dans ce cas, on retournera le soir à la fontaine, avant le dernier repas. Il faut diviser en trois ou quatre prises la dose que l'on doit avaler chaque fois, et mettre un intervalle d'un quart d'heure à une demi-heure entre chacune, pendant lequel on se promènera tranquillement pour favoriser l'absorption de l'eau. Il n'y aura aucun inconvénient à mettre dans sa bouche, après chaque prise, quelques aromates, tels qu'un peu d'anis, de coriandre, de pastilles de menthe, des grains de cachou et divers autres bonbons. Cela a même l'avantage d'exciter la soif et de masquer immédiatement la saveur de l'eau qui répugne à quelques personnes.

La quantité d'eau que l'on doit boire varie suivant la maladie dont on est atteint : c'est la gravelle qui exige les plus fortes doses. Les cas de chlorose (pâles couleurs), d'anémie (appauvrissement du sang) très avancés, réclament aussi l'emploi d'une assez grande quantité de notre eau ferrugineuse. Le plus ordinairement, la dose est de huit à dix verres tous les jours, pendant deux mois. Rarement on est obligé de l'augmenter ou de prolonger la durée du traitement, et je dois ajouter que dans beaucoup de cas il n'est même pas besoin d'une dose aussi considérable.

Les personnes affectées de gastralgies devront éviter d'en prendre de trop fortes quantités, et chacun devra étudier la susceptibilité de son estomac, en ayant le soin, comme je l'ai déjà recommandé plus haut, de commencer par de faibles doses.

Il est important de suivre un régime en même

temps que l'on prend les eaux ; mais, comme il doit nécessairement varier suivant la nature des différentes maladies, je ne puis l'indiquer ici d'une manière générale. D'ailleurs, cette question ne rentre pas dans le cadre que je me suis tracé.

Le premier effet que l'on éprouve après avoir bu trois ou quatre verres d'eau, c'est un sentiment de plénitude dû à la distension de l'estomac, accompagné quelquefois de légers vertiges. Bientôt après, surtout quand on prend de l'exercice, cette sensation disparaît ; l'eau est absorbée, et, au bout de quelques instants, on éprouve le besoin d'uriner. Les urines sont claires, presqu'incolores, et ne *contiennent pas de fer*, comme je m'en suis assuré plusieurs fois : Cette expérience prouve que notre corps, en se débarrassant de l'eau avalée, retient son principe actif, le fer. La plupart des buveurs sont légèrement purgés et ont une ou deux selles liquides, rarement davantage, environ une ou deux heures après le dernier verre. Quelques-uns, mais c'est le plus petit nombre, n'éprouvent jamais cet effet. Lorsque l'eau a été ainsi éliminée, on éprouve un sentiment de bien-être, le corps est plus léger, et l'appétit se fait vivement sentir. Presque toujours le repas qui suit est digéré avec facilité.

Une précaution importante, c'est de prendre les eaux avec la plus grande régularité et sans interruption jusqu'à la fin du traitement. L'omission de cette règle exposerait infailliblement à manquer le but qu'on se propose.

Les mois de l'année les plus favorables sont les mois de mai, juin, juillet, août, septembre et octobre. Si les mois de mai et d'octobre sont froids et pluvieux, il faut s'abstenir d'y aller; dans les autres mois de l'année, on se contentera de faire puiser de l'eau à la fontaine, en prenant les précautions convenables, et on en fera usage aux repas.

Avenue de la Fontaine-de-Fer.

www.ingramcontent.com/pod-product-compliance
Lightning Source LLC
Chambersburg PA
CBHW061000050426
42453CB00009B/1216